VON:
FÜR:

Für L. und M.

- C. S.

Für meine Eltern und Großeltern

- P. P.

HEUTE GEH ICH IN DIE SCHULE

Deutsche Originalausgabe
2. Auflage 2023

Projektleitung und Lektorat: Theresa Scholz, Knesebeck Verlag
Satz und Herstellung: Arnold & Domnick, Leipzig
Druck: BALTO Print, Litauen
Printed in Lithuania

ISBN 978-3-95728-679-6

www.knesebeck-verlag.de

MIX
Papier aus verantwortungsvollen Quellen
FSC® C107574

Clara Schaksmeier

Pauline Pete

HEUTE GEH ICH IN DIE SCHULE

So lernen Kinder rund um den Globus

KNESEBECK

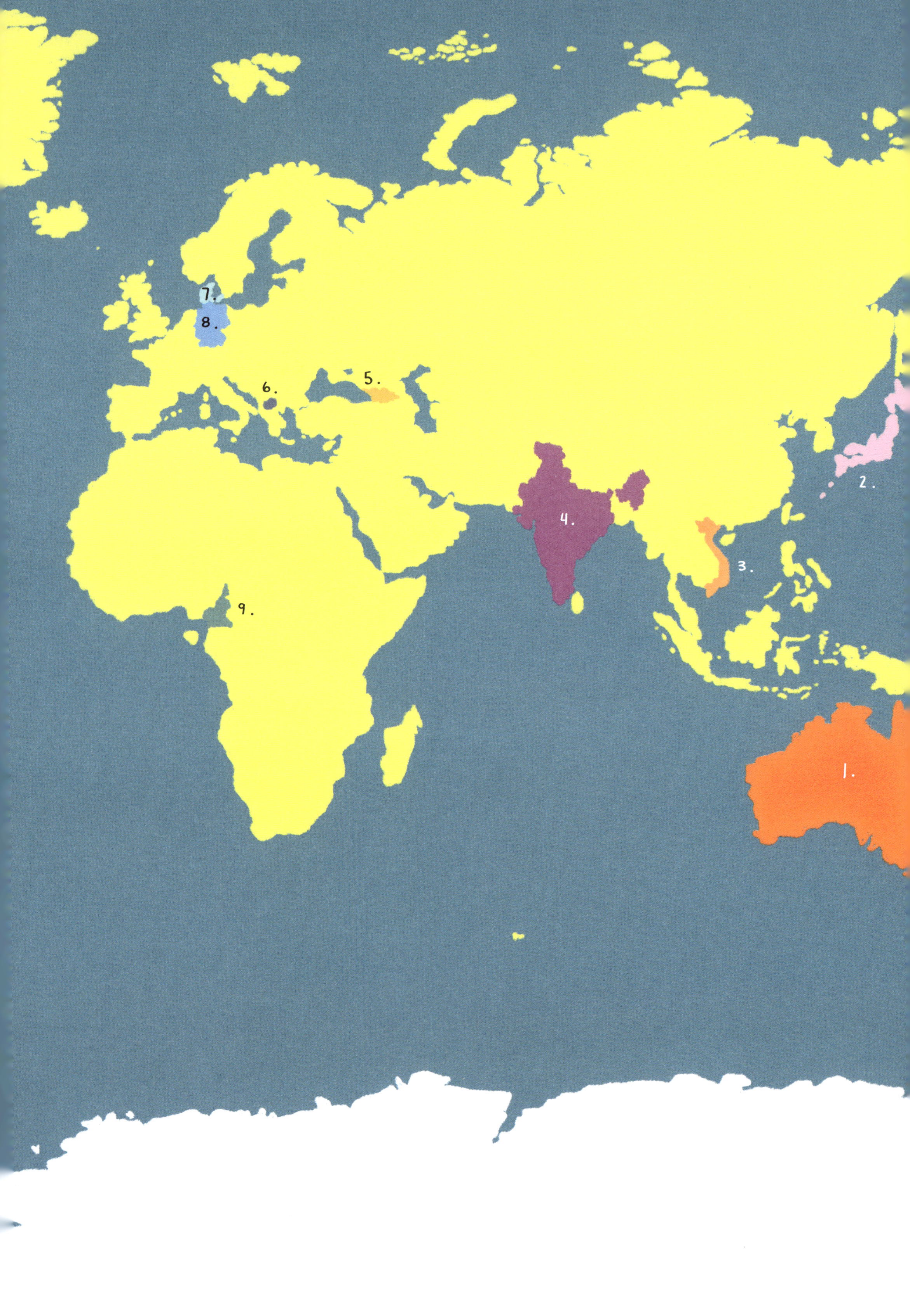
7.
8.
6.
5.
4.
2.
3.
9.
1.

1. AUSTRALIEN
2. JAPAN
3. VIETNAM
4. INDIEN
5. GEORGIEN
6. NORDMAZEDONIEN
7. DÄNEMARK
8. DEUTSCHLAND
9. KAMERUN
10. BRASILIEN
10.

In der Welt gibt es unzählige Möglichkeiten, wie man lernen kann! Hier in diesem Buch triffst du dreizehn Kinder, die dir ihre Schule, den Weg dorthin und ihren Unterricht zeigen. Sie erzählen dir, welche Fächer sie mögen, was sie in der Pause essen und welche Spiele sie gern spielen. Jedes Kind wohnt in einer anderen Stadt, einem anderen Land und einem unterschiedlichen Teil dieser Welt.

Vielleicht weißt du bereits von deinen Geschwistern oder Freund:innen einiges über die Schule – oder du lernst bereits selbst jeden Tag dort?

Die Welt hat fast 200 Länder, zahlreiche Städte, mit noch mehr Dörfern drum herum. Sie ist riesengroß und vielfältig. Nimmt man alle Schulen in jedem Dorf, jeder Stadt und jedem Land zusammen, kann man sie kaum noch zählen. Es gibt bestimmt so viele Schulen, wie es Grashalme auf einer großen Wiese gibt – vielleicht sogar noch mehr.

Wie jeder Mensch ist auch jede Schule anders. Angefangen bei den Gebäuden, den Lehrer:innen und den Klassenräumen, sind auch die Rituale, Regeln und der Unterricht verschieden. Die Kinder sind es natürlich ebenso! Auch wenn Schulen im gleichen Land oder sogar in der gleichen Stadt liegen, können sie sich in vielerlei Hinsicht stark unterscheiden. Spannend, oder?

Es gibt Kinder, welche ganz anders lernen als die Kinder, die du hier im Buch kennenlernen wirst. In einigen Ländern arbeiten Kinder, anstatt zur Schule zu gehen, oder sie können nicht lernen, weil sie auf der Flucht sind. Oft hat es einen Einfluss auf den Schulalltag, ob Geld für den Schulbesuch bezahlt wird oder nicht. Das Lernen an einer Privatschule kostet Geld. Wie viel, kann sehr verschieden sein. Für den Besuch an einer staatlichen Schule muss man kein Geld oder nur sehr wenig bezahlen. Eine Schule kann eine bestimmte Pädagogik haben, was bedeutet, dass die Kinder dort auf eine ganz bestimmte Art und Weise lernen. Zum Beispiel sehr eigenständig, mit bestimmten Materialien, oder es gibt Fächer, die es an anderen Schulen nicht gibt, wie zum Beispiel Bewegung und Tanz. Manche Kinder benötigen Unterstützung und eigene Lernmaterialien. Einige Kinder lernen nicht in einem Schulgebäude, sondern haben Fernunterricht, zum Beispiel über den Computer von zu Hause aus. Oder sie lernen gar nicht mit ihren Lehrer:innen, sondern bekommen Unterricht von den Eltern. Im Internat besuchen die Kinder nicht nur die Schule, um dort zu lernen, sie leben, essen und schlafen dort auch.

Die Welt ist zu groß, um alles in diesem Buch zu zeigen. Hier bekommst du jedoch einen kleinen Eindruck, wie vielfältig ein Tag in der Schule für verschiedene Kinder auf der Welt sein kann.

Du wirst Kinder treffen, die in einer Schule ohne Klassenzimmer lernen, verschiedene Schuluniformen tragen und den Tag mit besonderen Ritualen beginnen. Es gibt Kinder, die gemeinsam mit ihren Lehrer:innen die Schule aufräumen und putzen, und ein Kind, welches du hier im Buch triffst, legt sich mit der Klasse mittags zum gemeinsamen Schlafen hin. Ein anderes geht auch samstags zur Schule und wieder andere sprechen verschiedene Sprachen gleichzeitig im Unterricht. Manche Kinder, denen du begegnen wirst, lernen mit Computern und anderen digitalen Geräten, andere arbeiten mehr mit Heften und Büchern.

Was kennst du vielleicht schon von deiner Schule? Was unterscheidet sich von deinen Erfahrungen? Lass uns erleben, wie unterschiedlich und doch gleich ein Schultag auf dieser Welt aussehen kann und wie unendlich wichtig Bildung für jedes Kind ist.

Viel Freude beim Entdecken!

SO LERNEN AMANDA UND ELKAN AUS MELBOURNE

Australien ist das sechstgrößte Land und gleichzeitig der kleinste Erdteil der Welt. Es liegt auf der südlichen Halbkugel, umschlossen vom Indischen und Pazifischen Ozean. Auch wenn das Land aussieht wie eine große Insel, ist es keine. Australien ist ein Kontinent. Das Land ist bekannt für seine zahlreichen Beuteltiere, wie zum Beispiel Kängurus, Koalas und Wombats. All diese Tiere gibt es nur dort. Die Hauptstadt von Australien heißt Canberra. Elkan und Amanda leben im Südosten von Australien, in Melbourne, der zweitgrößten Stadt.

Steckbrief

Name: Elkan

Alter: sieben Jahre

Klassengruppe: 1

Lieblingsfächer: Achtsamkeit und Mandarin

Traumberuf: Cricket-Profi

Das ist mir wichtig: dass Papa mir abends etwas vorsingt

Das kann ich besonders gut: meine Gefühle benennen

Steckbrief

Name: Amanda

Alter: sechs Jahre

Klassengruppe: 1

Lieblingsfach: Sport

Traumberuf: Polizistin

Das ist mir wichtig: dass die Menschen ehrlich sind

Das kann ich besonders gut: Elkan zum Lachen bringen

Amanda und Elkan sind nicht nur eng befreundet, sie gehen auch in dieselbe Klasse. Weil sie so nah beieinander wohnen, können sie auch gemeinsam zur Schule gehen. Meist bringt Elkans Vater die beiden zu Fuß zur Schule, da diese auf dem Weg zu seiner Arbeit liegt. Nur wenn es regnet, fährt er sie mit dem Auto.

Die Schule von Elkan und Amanda ist eine Großraumschule. Das bedeutet, dass es keine festen Klassenzimmer gibt. Das gesamte Erdgeschoss der Schule ist ein einziger großer Raum mit faltbaren Wänden, die auf- und zugeschoben werden können. Die Faltwände trennen die Klassengruppen und sind flexibel einsetzbar, je nachdem, wie der Schultag aussehen soll. Manchmal lernen oder spielen alle Klassengruppen zusammen. Dann werden die Faltwände einfach weggeschoben, so ist der Raum größer. Meistens sind die Wände aufgefaltet und trennen die verschiedenen Lerngruppen voneinander. Zu einer Seite hin, dem Flur, sind sie jedoch offen.

Frau Khaled ist die Klassenlehrerin von Elkan und Amanda. Sie unterrichtet Englisch. Im Englischunterricht lernen die Kinder heute die Tages- und Uhrzeiten. Zunächst singen sie gemeinsam mit Frau Khaled ein Lied. Um das Gelernte noch besser zu behalten, üben sie die Zeiten mit einem Spiel auf dem Tablet, welches sich immer zwei Kinder teilen. Herr Brown ist Schulbegleiter und unterstützt Jocelyn bei der Aufgabe am Tablet, da sie eine Lernbehinderung hat.

Frau Khaled hat keinen Schreibtisch vor der Tafel. Ihr Tisch steht am Rand des gefalteten Raumes, wo auch ein flexibles Smartboard zu finden ist. Nur selten sitzt sie dort. Meistens geht sie umher und hockt sich mit einem kleinen Stuhl neben die Kinder, wenn diese Hilfe brauchen. In Amandas und Elkans Klassengruppe gehen 27 Kinder. Alle lernen an Gruppentischen, welche die Kinder für die unterschiedlichen Fächer oft auch mal verschieben. In einer Schule ohne Wände aus Beton kann es manchmal ganz schön laut werden, jedoch haben sich Elkan und Amanda daran gewöhnt. Es stört sie sehr wenig, dass sie auch von anderen Lerngruppen etwas hören.

Elkan und Amanda müssen ihre Hefte und Bücher nach einem Schultag nicht mit nach Hause nehmen, wenn sie keine Hausaufgaben in dem Fach bekommen. Jedes Kind hat ein eigenes Regalfach im Flur, wo es die Lernmaterialien verstauen kann. So sind die Rucksäcke für den Schulweg leichter.

Um ein Uhr klingelt es zur Mittagspause. Ihre Pausenbrote bringen alle Kinder von zu Hause mit. Amanda öffnet neugierig die Brotdose und findet ein Käsesandwich, einen Apfel und ein Päckchen Orangensaft. Elkan freut sich über sein Brot mit Vegemite und eine Banane, die sein Vater ihm mitgegeben hat.

Während Elkan drinnen malt, spielt Amanda mit den anderen »Four Square«. Auf dem Boden gibt es dafür vier aufgemalte Felder, in das sich jeweils ein Kind stellt. Die anderen warten am Rand und springen ein, sobald jemand verloren hat. Dann geht es los: Der Ball muss immer in ein neues Feld hüpfen und dann weitergeschlagen werden. Wer das Feld nicht trifft, verliert die Runde. Dann kommt jemand Neues ins Spiel. Jocelyn ist die Beste in »Four Square«, weil sie von allen am genauesten treffen kann.

Australien liegt auf der südlichen Halbkugel der Erde. Dort ist im Januar für Elkan und Amanda Sommer. Weil die Sonne im australischen Sommer besonders stark scheint, tragen alle Kinder draußen einen Hut. Elkan hat heute seinen Hut vergessen und kann in der Pause nicht mit den anderen spielen. Er muss drinnen bleiben. Das ist bei vergessenen Hüten die Regel, damit sich die Kinder keinen Sonnenstich holen.

SO LERNEN YUKI UND AKIO AUS MINŌ

Japan liegt in Ostasien und besteht aus über 6.800 Inseln. Der Großteil von ihnen ist sehr klein und unbewohnt. Es sind die vier Hauptinseln, Hokkaido, Honshu, Kyushu und Shikoku, auf denen die meisten Menschen leben. Die Hauptstadt von Japan heißt Tokio und liegt auf der Insel Honshu. Dort befindet sich auch die Stadt Minō, in der Yuki und Akio wohnen. Viele Berge und Vulkane prägen die Landschaft von Japan. Der höchste Berg ist der Fuji, er ist ein noch aktiver Vulkan.

Steckbrief

Name: Yuki

Alter: sechs Jahre

Klasse: zwei

Lieblingsfach: Englisch

Traumberuf: Kindergärtner

Das ist mir wichtig:
dass Akio mich in Ruhe lässt, wenn ich lese

Das kann ich besonders gut:
Tierstimmen nachmachen

Steckbrief

Name: Akio

Alter: sechs Jahre

Klasse: zwei

Lieblingsfach: Kunst

Traumberuf: Künstler

Das ist mir wichtig: dass ich am Wochenende Zeit zum Malen habe

Das kann ich besonders gut: Opa beim Einkaufen helfen und Hunde malen

Jeden Morgen holt Taro die Zwillinge Yuki und Akio ab, um sie zur Schule zu begleiten. Diese ist ganz in der Nähe. Taro ist jeden Tag mit dabei, denn er ist Akios Betreuer. Zum Beispiel schiebt er Akios Rollstuhl, hilft beim Lernen und bei anderen Dingen, die im Tagesablauf anfallen.

In der Schule trägt niemand Straßenschuhe. Nur mit Hausschuhen wird das Gebäude betreten. Vor dem Gebäude ziehen daher alle Kinder und Lehrkräfte ihre Schuhe aus und legen sie in ihren Schrank. Yuki und Akio haben jeden Tag ihre Kleidung von zu Hause an. Heute tragen sie bequeme Hosen und T-Shirts. Das von Akio hat ein buntes Muster. In Yukis und Akios Schule tragen die Kinder ab der siebten Klasse eine Schuluniform.

Herr Yamamoto, der Klassenlehrer, begrüßt die Kinder mit einer Verbeugung. » おはようございます«/ »Ohayōgozaimasu«, »Guten Morgen«. Im Japanischunterricht lernen sie heute neue Wortfamilien kennen. Herr Yamamoto erklärt, wie das geht. Dann schreiben sie alle Wörter zu der Wortgruppe »spielen« auf, die sie kennen. Yuki ist schnell fertig, er dreht sich um und hilft Misaki, die hinter ihm sitzt. Dass alle sich gegenseitig helfen, passiert sehr oft im Unterricht. Mit der Unterstützung von Taro ist Akio auch schnell mit der Aufgabe fertig.

Am Nachmittag besucht Yuki die Schach-AG, während Akio zum Zeichenunterricht geht. Ihre Hausaufgaben erledigen sie oft gemeinsam zu Hause am späten Nachmittag nach der Schule.

In Yukis und Akios Ranzen finden sich Stifte, Hefte, Bücher und ihre Essstäbchen. Die Stäbchen von Yuki glitzern sogar.

Nach dem Klingeln zur Mittagspause ziehen sich die Kinder vom Küchendienst Kittel, Hauben und Masken an. Das Mittagessen wird im Klassenzimmer serviert und gegessen. Dafür gibt es extra einen Küchendienst. Die anderen schieben ihre Tische zusammen und alle packen ihre Stäbchen aus. Auch Yuki hat Küchendienst, was bedeutet, dass er mit drei anderen Kindern für den Servierwagen zuständig ist. Der Küchendienst läuft in die Schulküche und holt den Essenswagen vom Küchenpersonal ab.

Auf diesem befinden sich bereits Töpfe, Schalen und Schüsseln. Heute gibt es Reis, Suppe, Salat und Fisch. Der Küchendienst schiebt den Wagen ins Klassenzimmer und serviert dann der gesamten Klasse das Essen. Herr Yamamoto isst gemeinsam mit seiner Klasse.

Nach dem Mittagessen wird geputzt. Es gibt keine Putzkraft an der Schule, denn alle sind gleichermaßen dafür zuständig, dass die Schule sauber und ordentlich ist, Schüler:innen und Lehrer:innen. Heute wischt Yuki den Boden, Akio faltet leere Milchkartons zusammen und bringt mit Taro den Müll weg. Auch die Toiletten werden sauber gemacht. Darauf hat niemand große Lust, doch auch diese Aufgabe muss gemacht werden.

SO LERNT LINH AUS HO-CHI-MINH-STADT

Vietnam ist ein lang gestrecktes, schmales Land in Südostasien, das an China, Laos, Kambodscha und verschiedene Meere grenzt. Es gibt viele Strände und sehr viele Gebirge im Inneren des Landes. Die Hauptstadt von Vietnam heißt Hanoi und befindet sich im Norden. Am anderen Ende des Landes, im Süden, liegt die größte Stadt von Vietnam, Ho-Chi-Minh-Stadt. Dort lebt Linh mit ihrer Familie.

Steckbrief

Name: Linh

Alter: neun Jahre

Klasse: vier

Lieblingsfach: Mathe

Traumberuf: Architektin

Das ist mir wichtig: dass niemand Müll auf die Straße wirft

Das kann ich besonders gut: das perfekte Rad schlagen

Vor Linhs Schule ist jeden Morgen sehr viel Verkehr, denn die meisten Eltern bringen ihre Kinder mit dem Mofa zur Schule. Zum Absteigen parken sie vor dem Schultor. Auch Linh wird von ihrer Mutter mit dem Mofa gebracht. Mitten im Getümmel trifft sie ihre beste Freundin Mý.

In Linhs Klasse gehen 40 Kinder. Deswegen kann es im Unterricht auch mal ganz schön laut werden. Damit alle sie gut hören, benutzt Frau Tam manchmal ein Mikrofon. Außerdem steht sie auf einer kleinen Bühne vor der Tafel, sodass alle sie gut sehen.

Im Matheunterricht sitzen Linh und ihre Mitschüler:innen ganz still, weil Frau Tam einen neuen Rechenweg erklärt. Währenddessen schreiben die Kinder ihn in ihre Hefte. Dann rechnen sie verschiedene Aufgaben mit ihrem Rechenschieber. Wenn sie zu einem Ergebnis gekommen sind, schreiben sie es mit ihrer Kreide auf die kleine Tafel. Linh wird drangenommen und trägt die Ergebnisse vor, indem sie aufsteht, ihre Tafel mit dem Ergebnis zeigt und den Rechenweg erklärt.

Linh hat heute Bücher, Hefte und Stifte dabei. Außerdem sind auch eine Minitafel, Kreide und ein Rechenschieber in ihrem Rucksack. Weil Linh am Nachmittag Sportunterricht hat, hat sie auch ihren blauen Trainingsanzug dabei.

Nach dem Unterricht klingelt es zur Pause. Bevor es raus zum Spielen geht, treffen sich alle Kinder, um sich gemeinsam zu bewegen. Bài thể dục giữa giờ – Übung zur Mittagszeit. In Reihen aufgestellt, tanzen alle fünf Minuten lang zu Musik, um sich zu lockern und zu entspannen.

In der Cafeteria der Schule können die Kinder ihr Mittagessen kaufen. Am liebsten isst Linh Bún Bò Huế, das ist eine Suppe mit Reisnudeln, Fleisch und Kräutern. Dazu trinkt sie Milchtee und nascht Chips zum Nachtisch.

Nach dem Mittagessen ist es Zeit für Ngủ trưa, was Mittagsschlaf bedeutet. Für Ngủ trưa rollt die Klasse Matratzen und Decken im Klassenraum aus und legt sich darauf, um eine Stunde lang zu schlafen. Auch Frau Tam macht ein Nickerchen.

SO LERNT KATYAYANI AUS ADRA, PURULIA

Steckbrief

Name: Katyayani

Alter: zehn Jahre

Klasse: fünf

Lieblingsfach: Sachkunde

Traumberuf: Anwältin

Das ist mir wichtig: dass ich bestimmen darf, wann ich Hausaufgaben mache

Das kann ich besonders gut: mir spannende Abenteuergeschichten ausdenken

In Südasien liegt die Bundesrepublik Indien, die amtlich auf Hindi *Bharat* heißt. Die Hauptstadt von Indien nennt sich Neu-Delhi und liegt im Norden des Landes. Über eine Milliarde Menschen leben in Indien. Damit ist es das Land mit den zweitmeisten Menschen der Welt. Dort, in einer kleinen Stadt im Westen, wohnt Katyayani mit ihrer Familie. In Indien kann man über hundert Sprachen hören! Bengalisch, auch Bangla genannt, wird im Osten von Indien gesprochen. Hindi und Englisch sind Amtssprachen.

Im Sommer steht Katyayani jeden Morgen sehr früh auf. Wegen der noch kühlen Temperaturen am Morgen beginnt die Schule schon um sechs Uhr. Im Winter fängt der Unterricht eine Stunde später an. Meist wird Katyayani von ihrer Tante mit dem Mofa zur Schule gebracht. Manchmal geht Katyayani auch zu Fuß, allerdings muss sie dann noch früher aus dem Haus.

Vor dem Unterricht treffen sich alle Kinder auf dem Schulhof, um den Tag mit der Morgenversammlung zu beginnen. Die Kinder jeder Klasse stehen der Größe nach aufgestellt, von klein nach groß, in einer Reihe. Katyayani hat 37 Mitschüler:innen in ihrer Klasse. In anderen Klassen sind es bis zu 45 Kinder. Nachdem Herr Mandi gesagt hat, was für den Tag wichtig ist, singen alle die indische Nationalhymne und gehen dann in ihre Klassenräume.

Frau Kumari begrüßt die Klasse auf Englisch: »Good Morning.« – Das heißt: »Guten Morgen.« Alle Kinder stehen auf und antworten: »Good Morning.« Im Sachkundeunterricht lautet heute das Thema »regionale Pflanzen«. Frau Kumari liest einen Text über Blüten vor, den Katyayani und die ganze Klasse im Chor wiederholen.

Zwischen den Unterrichtsstunden gibt es kein Klingeln und auch keine kleinen Pausen. Deshalb behält Frau Kumari die Uhr im Blick. Nach vierzig Minuten beginnt ein neuer Unterricht, was bedeutet, dass Frau Kumari ihre Stunde beendet und in eine andere Klasse geht.

Weil die Bücher auf Englisch sind, lesen und wiederholen alle auf Englisch. Der weitere Unterricht findet auf Hindi statt. Wenn Katyayani mit ihrem Sitznachbarn tuschelt, redet sie meist Bangla, denn das ist die Erstsprache der Kinder. Im Unterricht spricht Katyayani also gleich drei Sprachen.

Katyayani, Aakash und Kamalawati essen mit der rechten Hand. Dazu greifen sie die Speisen mit Daumen, Zeige- und Ringfinger.

Mittags gibt es eine große Pause für alle. Katyayani, Aakash und Kamalawati essen im Pausenhof auf dem Boden. Ihr Essen haben sie in der Cafeteria gekauft. Heute gibt es Dal, Paratha und Idli. Das sind Linsen, Brot und Küchlein aus Reis.

In der Pause spielt Katyayani am liebsten Kabaddi, das ist ein Mannschaftssport, der in ganz Indien sehr beliebt ist. Für Kabaddi muss man nicht nur schnell sein und die Gegner:innen fangen, sondern auch gut die Luft anhalten können: Zwei Teams spielen in zwei Feldern gegeneinander und wechseln sich mit dem Fangen ab. Katyayani ist in dieser Runde die Fängerin und läuft in das Spielfeld der anderen. Dabei versucht sie, so viele Kinder wie möglich aus dem anderen Team zu berühren. Dann rennt sie wieder in ihr Spielfeld zurück. Das wird erschwert, weil sie dabei die Luft anhalten und »Kabaddi, Kabaddi ,Kabaddi ...« rufen muss. Nur wenn Katyayani das Feld ihrer Mannschaft erreicht, ohne von den anderen gefangen zu werden, hat sie einen Punkt für jedes berührte Kind der anderen Mannschaft erzielt.

An Katyayanis Schule werden viele Feste gefeiert. Ihr Lieblingsfest findet im August statt und heißt Raksha Bandhan, »schützende Verbindung«. Alle Kinder basteln und knüpfen Rakhis, bunte Armbänder, die sie ihren liebsten Menschen schenken. Die Armbänder sind eigentlich für die Geschwister, aber auch Freund:innen schenken sie sich gegenseitig. Katyayani mag diesen Tag, weil ihr ganzer Arm dann bunt geschmückt und behangen ist. Außerdem kann sie ihren Freund:innen zeigen, wie sehr sie sie mag.

SO LERNEN NINO UND MEGI AUS KACHATI

Georgien ist ein gebirgiges Land zwischen Europa und Asien. Im Norden befindet sich der Große Kaukasus, ein Gebirge, durch das die Grenze zu Russland verläuft. Im Süden grenzt Georgien an die Türkei, Armenien und Aserbaidschan. Der Westen des Landes liegt am Schwarzen Meer. Dort, in der kleinen Stadt Kachati, wohnen Nino und Megi.

Steckbrief

Name: Nino

Alter: fast sieben

Klasse: eins

Lieblingsfach: Georgisch

Traumberuf: Anwältin

Das ist mir wichtig: dass Megi und ich uns nicht streiten

Das kann ich besonders gut: über Zäune klettern und in Schönschrift schreiben

Steckbrief

Name: Megi

Alter: sechzehn Jahre

Klasse: elf

Lieblingsfach: Deutsch

Traumberuf: Übersetzerin

Das ist mir wichtig: meine Freund:innen

Das kann ich besonders gut: meine Schwester trösten und Dinge reparieren

Ein kleiner Bus, die Marschrutka, sammelt Nino und ihre große Schwester Megi an der Ecke ihrer Straße ein und fährt die beiden zur Schule.

In Georgien haben manche Schulen Namen, andere haben Nummern. Die Schwestern gehen auf die gleiche Schule, die 1. Öffentliche Schule, wo Kinder von Klasse eins bis Klasse dreizehn lernen.

Zur Einschulung bekam Nino einen Laptop von der Schule geschenkt. Auch wenn es in der ganzen Schule WLAN gibt, lässt Nino den Laptop heute zuhause. Für den heutigen Tag benötigt sie Bücher, Hefte und viele Stifte, die sie in ihrem Rucksack trägt.

Megi hat heute das Fach Verkehrsregeln, in welchem sie zum Beispiel lernt, wie ein Auto aufgebaut ist und welche theoretischen Regeln es im Verkehr gibt. Der Unterricht bereitet sie auf ihre Fahrprüfung vor, sodass sie nur noch das praktische Fahren in der Fahrschule lernen und üben muss.

Für Ninos Klasse dauert eine Schulstunde 35 Minuten. Megis Unterricht hat 45 Minuten, sodass die großen und die kleinen Kinder unterschiedliche Pausen haben und sich die Schwestern den Tag über nicht sehen.

Frau Daraselia ist die Klassenlehrerin und begrüßt alle am Morgen mit »dila mshvidobisa! დილა მშვიდობისა« – das heißt: »Guten Morgen.« Zu Beginn liest sie die Namen vor, um zu überprüfen, ob alle da sind. Kein Kind fehlt. Das Thema der heutigen Stunde sind die Jahreszeiten. Sie spielen ein Fragespiel, wofür alle Kinder ihre bunten Meldestöcke in die Hand nehmen. Diese haben sie zum Anfang des Schuljahres aus Strohhalmen und Seidenpapier gebastelt. Stellt Frau Daraselia eine Frage, die mit »Ja« beantwortet werden kann, heben alle Kinder ihren Meldestock in die Luft. So macht es Nino viel Spaß, sich zu melden.

In der großen Pause kauft sich Nino ihr Mittagessen in der Cafeteria. Heute gibt es Suppe und Chatschapuri, Fladenbrot, welches mit georgischem Käse gefüllt ist. In der Schulcafeteria kommt es frisch aus dem Ofen. Zum Nachtisch freut sich Nino über ein paar Stücke Tschurtschchela. Das sind Walnüsse, die an einem Bindfaden aneinandergereiht und dann mit verdicktem Traubensaft ummantelt sind.

Jedes Jahr findet ein Kalligrafie-Wettbewerb in der gesamten Schule statt. Kalligrafie hat einen hohen Stellenwert, denn die georgische Schrift sieht mit ihren vielen Kreisen und geschwungenen Buchstaben fast immer aus wie ein Kunstwerk. Nino malt und schreibt gern und möchte den Wettbewerb gewinnen. Deshalb übt sie mit ihrem Freund Irakli jeden Tag Schönschrift.

Megi macht Musik und besucht nach dem Unterricht die Musik-AG, um Klavier zu lernen. Zu Beginn des Schuljahrs konnte sie zwischen der Musik-, Tanz-, Sport- und Schach-AG wählen. Sie finden alle am Nachmittag statt.

SO LERNT EFTIMKA AUS SKOPJE

Nordmazedonien ist ein kleines Land in Südosteuropa, auf der Balkanhalbinsel. Klein, weil es nur ein bisschen größer als das deutsche Bundesland Mecklenburg-Vorpommern ist. Außerdem ist Nordmazedonien ein Binnenstaat. Das bedeutet, dass das Land an kein Meer, sondern nur an andere Staaten grenzt. Trotzdem gibt es viel Wasser, nämlich zahlreiche Flüsse und Seen. Das Land ist sehr hügelig und bergig. Die Hauptstadt von Nordmazedonien heißt Skopje, dort lebt Eftimka.

Steckbrief

Name: Eftimka

Alter: zwölf Jahre

Klasse: sieben

Lieblingsfach: Biologie

Traumberuf: Ärztin

Das ist mir wichtig: dass meine Freund:innen meine Lieder mögen

Das kann ich besonders gut: komplizierte Dinge einfach erklären und Lieder schreiben

Nach dem Mittagessen geht Eftimka von zu Hause zur Schule und sammelt auf dem Weg dorthin Bajram, ihren besten Freund, ein. Für die großen Kinder ab der sechsten Klasse beginnt die Schule erst am Mittag, in der sogenannten zweiten Schicht. Diese geht von 13 bis 18 Uhr. Bajrams Schwester Sibela besucht die dritte Klasse und lernt in der ersten Schicht von 8 bis 13 Uhr. Manchmal begegnen sie sich kurz auf der Straße oder auf dem Schulhof.

Frau Zdravkovska ist die Klassenlehrerin und begrüßt die Kinder auf Romanes: »Šukar sabaj.« – »Guten Morgen.« Bevor es mit dem Deutschunterricht losgeht, bespricht sie wichtige Dinge für den Tag. Das Thema der heutigen Deutschstunde ist »internationale Freundschaften«. Eftimka und die Klasse besprechen, wie man auf Deutsch eine E-Mail an eine Brieffreundin schreibt und was man alles erzählen und fragen kann. Sie lernen alle wichtigen Vokabeln und üben dann das E-Mail-Schreiben zu zweit am Computer. Die stehen in allen Klassenräumen der Schule.

In Eftimkas Klasse gehen 20 Kinder, die alle in Reihen sitzen. Vorn im Klassenraum hängt eine Tafel, an die Frau Zdravkovska neue Vokabeln schreibt. Eftimka und Bajram sitzen zu zweit nebeneinander und schreiben die neuen Wörter in ihr Vokabelheft. Eftimka spricht in der Schule vier Sprachen. Mit Bajram und den anderen Kindern redet sie Mazedonisch oder Romanes. Außerdem lernt sie in der Schule Englisch und Deutsch.

In Eftimkas Rucksack befinden sich Bücher, Stifte, Hefte zum Lernen, ihr Notizblock und ihr Pausenessen.

Wie die meisten Kinder an der Schule hat Eftimka ihr Pausenbrot von zu Hause mitgenommen. Sie hat sich ein Käsesandwich und eine Banane eingepackt. Dazu trinkt sie einen Orangensaft. Bajram lässt sich sein Honigbrot und einen Apfel schmecken.

Am 8. April, am internationalen Tag der Rom:nja, gibt es ein großes Fest. An diesem Tag feiern sie die Sprache, Kultur und die Traditionen der Rom:nja mit Musik und Tanz. Eftimka spielt Schlagzeug in der Schulband und auch Bajram hat an diesem Tag seinen Auftritt, da er der Sänger ist. Das ganze Schuljahr über haben die beiden mit der Band geprobt. Es kommen viele Besucher:innen an diesem Tag in die Schule: Die Eltern, alle Lehrkräfte, sogar der Bürgermeister und die Botschafterin sind da.

SO LERNT KAJ AUS SINDAL

Dänemark ist ein Königreich in Europa mit Kopenhagen als Hauptstadt. Es gibt die Halbinsel Jütland und etwa 490 Inseln, die sich fast alle in der Ostsee befinden. Auf der Insel Seeland liegt Kopenhagen. Das Wetter in Dänemark wechselt häufig. Durch die Nähe zum Meer ist es oft sehr windig in dem kleinen Land. Auch Kaj wohnt nah am Meer, in Sindal, einer kleinen Stadt im Norden von Dänemark. Wenn die Familie zum Meer fährt, dauert es nur dreißig Minuten mit dem Auto.

Steckbrief

Name: Kaj

Alter: acht Jahre

Klasse: zwei

Lieblingsfach: Natur und Technologie

Traumberuf: Tierärztin oder Tierarzt

Das ist mir wichtig: dass Pelle und ich uns regelmäßig sehen, denn ich verbringe gerne Zeit mit ihm

Das kann ich besonders gut: Komplimente machen und andere motivieren

Kaj und Pelle sind eng befreundet. Sie treffen sich jeden Morgen vor dem Schulgebäude. Pelle wohnt außerhalb der Stadt und fährt mit dem Bus. Kaj kann zu Fuß laufen. Im Schulranzen von Kaj sind Stifte, Hefte, Bücher und ein Butterbrot.

Mikkel unterrichtet Mathe und ist außerdem Kajs Klassenlehrer. Er begrüßt seine Klasse mit »God morgen!«, »Guten Morgen«, schaut, ob alle da sind, und erklärt, was für den Tag ansteht. Dann schreibt Mikkel das Programm für die Mathestunde an die Tafel und nennt das Thema.

Die 21 Kinder sitzen im Unterricht an Gruppentischen. Viermal im Jahr ändert sich die Sitzordnung in Kajs Klasse, damit sich alle besser kennenlernen. Gerade sitzt Kaj mit Ranim und Pelle an einem Tisch. Gemeinsam rechnen sie die Aufgaben auf den Arbeitsblättern.

Kaj freut sich schon auf die fünfte Klasse, denn ab dann lernen die Kinder mit Laptops, welche man selbst kaufen oder sich von der Schule leihen kann.

Ranim hat sich ein Chili sin Carne in der Mensa geholt, welches sie mit der Schulbezahlkarte gekauft hat.

Bis zur dritten Klasse essen die Kinder mit ihrem Klassenlehrer zusammen Mittag in ihrem Klassenraum. Die großen Kinder können in der Mittagspause raus und ohne eine Begleitung auf dem Pausenhof essen. Kajs Vater hat ein Käsebrot, einen Apfel und einen Schokoriegel eingepackt.

In Kajs Schule gibt es drei verschiedene Pausenhöfe mit Klettergerüsten, einem Platz zum Laufen und Sitzgelegenheiten. Ranim und Pelle spielen heute Fangen, während Kaj bei Smilla sitzt und sie über ein Geheimnis reden.

SO LERNT JAKOB AUS BIELEFELD

Deutschland liegt in Mitteleuropa und ist das Land mit den meisten Nachbarstaaten in Europa. Insgesamt sind es neun Länder, die an Deutschland grenzen. Die Hauptstadt von Deutschland heißt Berlin und liegt im Nordosten des Landes. Bielefeld ist eine Stadt im Westen. Dort wohnt Jakob mit seiner Schwester und seiner Mutter.

Steckbrief

Name: Jakob

Alter: sieben Jahre

Klasse: zwei

Lieblingsfach: Sport

Traumberuf: Fußballspieler

Das ist mir wichtig: dass ich bald neue Turnschuhe bekomme

Das kann ich besonders gut: schnell rennen und Zaubertricks vorführen

An seinem ersten Schultag bekam Jakob eine Schultüte von seinen Großeltern geschenkt. Manche Kinder nennen sie auch Zuckertüte. Sie wurde in Deutschland erfunden, vor etwa 200 Jahren. Damals war sie nicht mit Süßigkeiten, Spielsachen oder Stiften gefüllt, wie bei Jakob, sondern mit Trockenobst oder süßem Gebäck.

In Jakobs Ranzen sind Stifte, Hefte, Bücher und sein Pausenbrot.

Ein kleiner Bus, der Spezialverkehr für Schüler:innen, holt Jakob von zu Hause ab. In ihm sitzen bereits Nura, Jan und Theo, die alle von zu Hause eingesammelt werden. Weil Jan in einer anderen Stadt wohnt, wird er als Erster abgeholt und ist bereits eine Stunde unterwegs, wenn sie Jakob abholen. Danach dauert die Fahrt zur Schule noch eine halbe Stunde.

»Guten Morgen«, begrüßt Herr Hagenbäumer die Klasse. Nach der Begrüßung heftet er die Fotos von allen Kindern an die Tafel, um die Anwesenheit zu überprüfen, es fehlt niemand. Jakob ist heute das Tageskind, was bedeutet, dass er das Datum ansagt und den Stundenplan vorträgt. Außerdem zählt er auf, was für den heutigen Tag wichtig ist.

Jakob braucht zum Lernen ein Lesegerät, unter welches er sein Arbeitsblatt legt. Das Lesegerät hat eine Kamera und vergrößert alles, was darunterliegt, auf einen Bildschirm. Auch die anderen sieben Kinder in der Klasse benutzen Hilfsmittel, um alles zu erkennen. Weil alle anders sehen, sind auch die Arbeitsblätter für jede:n unterschiedlich gestaltet.

Jan zum Beispiel bekommt seinen Text mit einer vergrößerten Schrift. Nura ist fast blind und liest jeden Text mit den Händen. Dafür hat sie die Punktschrift gelernt. Jeder Buchstabe besteht aus mehreren Punkten:

Das Monatsthema ist »Auf dem Bauernhof«. Alle Tiere, die es dort gibt, und weitere Besonderheiten des Alltags auf einem Bauernhof werden besprochen. Herr Hagenbäumer liest einen Text über Hühner und Eier vor. Auf einem großen Bild zeigt er, wie ein Ei von innen aussieht. Das Bild ist durch verschiedene Materialien auch fühlbar: Das Eigelb ist aus Filz, das Eiweiß aus Wellpappe und die Schale ist aus trockener Fensterfarbe gebastelt. Dann geht er mit dem gebastelten Ei-Plakat umher, damit alle es von Nahem sehen und anfassen können. So können alle den Aufbau auch ertasten.

Im Schulgarten pflanzen die Kinder ihre eigenen Kräuter und Blumen und auch ihr eigenes Gemüse und Obst an. Regelmäßig gießen sie es. Wenn es reif ist, wird es geerntet.

Mittags, in der großen Pause, isst Jakob sein Butterbrot mit Käse und einen Apfel. Danach spielt er Fangen mit den anderen Kindern. Wer fängt, bekommt ein Glöckchen umgehängt, damit alle den Fänger beziehungsweise die Fängerin hören und rechtzeitig weglaufen können.

Im Sportunterricht bei Frau Çetin fahren die Kinder Inliner oder spielen Ballspiele. Beim Ballspielen rollen sie sich den Klangball zu, den alle hören können. Somit wissen alle, wo er gerade ist.

SO LERNT CLOTAIRE AUS DSCHANG

In Zentralafrika, an der westafrikanischen Küste, liegt Kamerun. Yaoundé, auf Deutsch Jaunde, ist die Hauptstadt von Kamerun. Das Land grenzt an den Golf von Guinea, welcher ein Teil des Atlantiks ist. Nigeria, Tschad, die Zentralafrikanische Republik, Gabun, Kongo und Äquatorialguinea sind die Nachbarländer von Kamerun. Das Land hat viele Landschaften. Es gibt Berge, Regenwald wächst im Süden, aber man findet auch Strand, Wüste und Savanne. Dschang, die Stadt, in der Clotaire lebt, hat ein Savannenklima und befindet sich im Westen von Kamerun.

Steckbrief

Name: Clotaire

Alter: sieben Jahre

Klasse: zwei

Lieblingsfach: Französisch

Traumberuf: Lehrer

Das ist mir wichtig: dass jeder Mensch so sein darf, wie er oder sie ist

Das kann ich besonders gut: zuhören und gute Fragen stellen

Clotaire wohnt ganz nah an seiner Schule und kann jeden Morgen gemeinsam mit Shari zu Fuß gehen. Sie wohnt auch ganz in der Nähe. In Clotaires Rucksack befinden sich Stifte, Bücher, sein Notizbuch und Hefte.

Jeden Tag treffen sich alle Kinder vor Schulbeginn auf dem Schulhof, um sich für die Morgenversammlung nach Klassen geordnet aufzustellen. Die Nationalflagge von Kamerun wird gehisst und alle singen zusammen die Nationalhymne. Frau Makougoum Dongmo sagt über ein Mikrofon an, was am heutigen Tag ansteht und was es Wichtiges zu beachten gibt. Danach geht es mit dem Unterricht los.

In der ersten Stunde hat Clotaire Französisch. Frau Makougoum Dongmo, die Französischlehrerin, begrüßt ihre Klasse mit: »Chers élèves bonjour!« – »Guten Morgen!« Dann schreiben alle Kinder das heutige Datum in ihr Heft. Sie wiederholen, was sie in der letzten Stunde gelernt haben.

Um das Thema »Tuwörter« noch besser zu verstehen und zu lernen, spielen sie gemeinsam ein Rätselspiel dazu. Vorne im Klassenzimmer hängt eine lange Tafel. An diese schreibt Frau Makougoum Dongmo nach dem Spiel die neuen Wörter. Auch diese üben sie.

Clotaire spricht in der Schule drei Sprachen. Mit Shari redet er Yemba, die Erstsprache von den beiden. Der Unterricht wird auf Französisch oder Englisch gehalten, denn das sind die beiden Amtssprachen in Kamerun. Ab Klasse fünf kommt Deutsch als weitere Fremdsprache dazu. Clotaire ist sehr gut in Sprachen und möchte Französischlehrer werden, so wie Frau Makougoum Dongmo.

In Clotaires Klasse gehen 60 Kinder, die alle zu zweit oder dritt auf Bänken an Tischen sitzen. Da wird es manchmal ganz schön laut.

In der Pause spielt Clotaire am liebsten mit seinen Freund:innen Fußball. Dafür gibt es einen Sportplatz auf dem Schulgelände. Die großen Kinder spielen oft »Dorschi«. Das ist ein Ballspiel, bei dem es darum geht, möglichst lange im Spielfeld zu bleiben und so viele Schuhe wie möglich zu ordnen. Alle Kinder ziehen dafür ihre Schuhe aus und legen sie auf zwei Haufen in die Mitte des Spielfelds. Shari und Clotaire gucken zu und feuern die Spieler:innen an.

Zwei Kinder sind mit Werfen dran. Donatien steht in der Mitte und muss dem Ball, welchen sich die anderen beiden zuwerfen, ausweichen oder ihn fangen. Wird Donatien getroffen, hat er die Runde verloren und es kommt ein neues Kind ins Spielfeld. Doch Donatien fängt den Ball und wirft ihn weit weg. Während der Ball geholt wird, stellt Donatien die Schuhe in einer Reihe auf und ordnet sie. Weil er heute am längsten in der Mitte bleibt und alle Schuhe ordnen konnte, gewinnt er das Spiel. Alle applaudieren ihm.

Sein Mittagessen kauft sich Clotaire heute in der Kantine. Es gibt Brot, Kochbananen und Krapfen mit Bohnen. Zum Nachtisch isst er Kekse. Manchmal nascht er auch ein paar Bonbons.

SO LERNT DANIEL AUS CABO FRIO

Brasilien heißt auf Portugiesisch Brasil. Bezogen auf die Fläche, ist es das fünftgrößte Land der Erde und das größte Land in Südamerika. In Brasilien gibt es viele Landschaften, unter anderem den größten Regenwald der Welt, den Amazonas. Die Hauptstadt von Brasilien heißt Brasilia. Die größten Städte sind São Paulo und Rio de Janeiro. Westlich von Rio, etwa drei Stunden mit dem Auto entfernt, liegt direkt am Atlantischen Ozean Cabo Frio. Hier wohnt Daniel mit seiner Tante.

Steckbrief

Name: Daniel

Alter: fünf Jahre

Klasse: eins

Lieblingsfach: Geschichte

Traumberuf: Tänzer

Das ist mir wichtig: Zeit mit Mario, meinem Wellensittich

Das kann ich besonders gut: andere zum Lachen bringen

Daniel kann morgens ausschlafen und vormittags spielen oder Hausaufgaben machen. Erst am Mittag fängt für ihn und für alle Kinder bis zur dritten Klasse die Schule an.

Um zwölf Uhr steigt Daniel in den Stadtbus. Mit dem darf er umsonst fahren, weil sein weißes Schulshirt sein Ticket ist. Daniels Freund Neymar fährt auch mit, auch er trägt das Shirt. In Daniels Ranzen sind Stifte, Hefte, Bücher, ein paar Gummibärchen und sein Handy.

Daniel isst sein Essen mit Besteck. In der rechten Hand hat er ein Messer, in der linken eine Gabel. Mit dem Messer schiebt er die Stücke auf die Gabel.

Vor der ersten Stunde geht Daniel mit Neymar zum Mittagessen und holt sich Reis mit Bohnen, Salat und Fleisch in der Cafeteria.

Vor Beginn des Unterrichts treffen sich alle Kinder auf dem Schulhof für die Tagesversammlung. Der Größe nach aufgestellt, hören sie, was Tio Diego, er ist Lehrer an der Schule, zu berichten hat und was wichtig für den Tag ist. Zum Abschluss singen alle zusammen die Nationalhymne und beten gemeinsam. Meist beten sie für einen guten Schultag.

Tia Mariângela begrüßt die Klasse mit: »Bom dia!« – »Guten Morgen!« Im Geschichtsunterricht lernen sie gerade alles über die Geschichte der Stadt und der Region. Heute erfahren sie, warum ihre Stadt Cabo Frio heißt. Tia Mariângela zeigt Bilder auf dem Whiteboard und erklärt, dass, obwohl »Frio« kalt bedeutet, es dort sehr heiß ist. Im Klassenzimmer gibt es deswegen Klimaanlagen.

Tia Cornelia ist die Schulbegleiterin. Ihre Aufgabe ist es, allen Kindern die Unterstützung zu ermöglichen, die sie brauchen. Ana ist schon fertig mit der Aufgabe. Weil sie alles über Dinosaurier weiß und sie allen davon berichten möchte, hat sie einen Text über die Zeit der Dinosaurier geschrieben. Tia Cornelia liest den Text und hilft ihr bei ein paar Wörtern. Auch im Unterricht unterstützt Tia Cornelia Ana beim Lernen, denn Ana ist Autistin.

In Daniels Klasse gehen 30 Kinder, die meist in einem „U“ sitzen. Manchmal schieben sie die Tische auch zusammen, um in Gruppen zu arbeiten.

In der Pause spielen Daniel und Neymar mit den anderen »Queimada«. Dafür gibt es extra ein Feld auf dem Schulhof. Mit einem Ball werfen sich die Spieler der zwei Teams ab. Wer als Letzter im Feld steht, hat gewonnen. Nach dem Spielen sind sie oft erschöpft und hungrig.

Bevor Daniel um fünf Uhr nach Hause fährt, gibt es in der Cafeteria Reis und Bohnen zum Abendessen. Seine Hausaufgaben erledigt Daniel morgens vor der Schule, denn da hat er ja Zeit.

Was für eine Entdeckungsreise! Wie hat dir der Blick in die Schultage der Kinder gefallen?

Was ist verschieden, was ist gleich? Gibt es ein Kind, das genauso zur Schule kommt wie du? Was isst du in der großen Pause? Trägst du eine Schuluniform? Bekommst du besondere Lernmaterialien? Oder lernst du ganz anders als die Kinder im Buch?

Vielleicht lernst du ja mal ein Kind aus einer anderen Schule kennen. Dann frag es doch, wie es so lernt. Es hat bestimmt Spannendes zu erzählen.

In welche Schule du auch gehen magst, hab viel Freude beim Lernen.

GLOSSAR

Amtssprachen sind offizielle Sprachen eines Landes. Sie werden in Behörden und auch in Schulen gesprochen.

Menschen im **Autismus-Spektrum** nehmen die Welt oft sehr intensiv wahr. Das kann ganz unterschiedlich sein. Deswegen verhalten sie sich manchmal nicht so wie andere.

Erstsprachen sind die Sprachen, die man als erste im Leben lernt.

Kalligrafie ist die »Kunst des schönen Schreibens«.

Eine **Lernbehinderung** kann sich ganz unterschiedlich auswirken. Oft brauchen Kinder mit einer Lernbehinderung Unterstützung oder mehr Zeit zum Lernen.

Bei der **Punktschrift** sind die Buchstaben nicht aufs Papier geschrieben, sondern in das Material eingedrückt. Man kann sie fühlen.

Rom:nja ist die Abkürzung von Roma und Romnja (Roma-Männer und Roma-Frauen). Als Rom:nja bezeichnen sich Menschen einer Gruppe, deren Vorfahren vor ca. tausend Jahren aus Indien und dem heutigen Pakistan nach Europa gekommen sind.

Schulbegleiter:innen sind Menschen, die manche Kinder in ihrem Schulalltag begleiten und ihnen bei verschiedenen Dingen helfen.

Bei einer **Schulversammlung** kommen alle Kinder der Schule zusammen und treffen sich auf dem Schulhof oder dem Sportplatz. Meist stellen sie sich der Klasse nach geordnet auf.

Vegemite ist ein dunkelbrauner Aufstrich, der salzig und etwas bitter schmeckt. Viele Menschen in Australien essen ihn sehr gerne, es gibt ihn überall zu kaufen.

SO SPRICHT DIE WELT

So viele Sprachen werden auf dieser Welt gesprochen! Hast du eine Idee, welches Kind aus dem Buch die folgenden Wörter spricht? Kannst du sie nachsprechen?

Das Putzen der Schule heißt お掃除 時間 / *O sōji jikan*. Das bedeutet Reinigungszeit.

Auf Yemba heißt *Alekoo?* »Wie geht es dir?«.

Tio ist Portugiesisch und heißt »Onkel«, Tia heißt »Tante«.

Auf Hindi heißt »Guten Morgen« शुभ प्रभात. Es wird *shubh prabhaat* ausgesprochen.

Dobro utro, Добро утро, heißt auf Mazedonisch »Guten Morgen«.

Steckbrief

Name: Clara

Wohnort: Berlin

Alter: 34

Traumberuf: Kinderbuchautorin

Das lerne ich gerade: Menschen zu helfen, sich besser kennenzulernen

Das kann ich besonders gut: zuhören und mich um Pflanzen kümmern

Das ist mir wichtig: dass wir auf uns selbst und auf uns gegenseitig achten

Clara findet, dass Lernen eines der schönsten Dinge auf der Welt ist. Sie ist ausgebildete Lehrerin und unterrichtete in Vietnam, Kanada, Indien und Georgien. Das Schulleben an den unterschiedlichen Orten der Welt fand sie spannend und wollte es gern noch mehr erkunden.(Eigentlich wollte sie die Schulen dieser Welt bereisen, doch dann kam die Pandemie.) Deshalb sprach sie mit Lehrkräften aus den verschiedensten Teilen der Erde. Daraus entstand »Heute geh ich in die Schule«, ihr erstes Kindersachbuch.
Clara lebt in Berlin. Sie hat das Vorhaben, jeden Tag mindestens eine neue (Tat-)Sache zu lernen oder zu erfahren. Mittlerweile arbeitet sie nicht mehr an einer Schule, sondern freiberuflich als Coachin und vieles mehr.

steckbrief

Name: Pauline

Wohnort: Hamburg

Alter: 27

Traumberuf: Illustratorin und Künstlerin

Das lerne ich gerade: stricken und nähen

Das kann ich besonders gut: andere zum Lachen bringen

Das ist mir wichtig: die Welt zu bereisen und Zeit mit meinen Liebsten zu verbringen

Pauline ist 1996 in Fulda in Hessen geboren. Seit 2015 lebt sie mit ihrem Freund und ihrem Hund in Hamburg, wo sie Illustration an der HAW studiert. In einer Künstlerfamilie aufgewachsen, verliebte sie sich schon früh ins Zeichnen, Malen und in liebevoll gestaltete Bücher.

DANKSAGUNG
Clara

Während einer Pandemie in die Klassenzimmer dieser Welt zu blicken, war aufwendig und hat viel Unterstützung gebraucht. Dieses Buch ist kein Zwei-Frau-Projekt. Deswegen möchte ich mich unbedingt bedanken.

Danke an
Nona Daraselia, Marie Noele Makougoum Dongmo, Ally Gidez, Elena Hagenbäumer, Heidi Mølgaard Jespersen, Aakash Kumar, Kamalawati Kumari, Ngọc Mỹ Nguyễn, Mariângela Ribeiro, Sabina Salimovska, Alvin Salimovski, Donna Santos, Daniel Santos, Madeleine Sim, Emilija Zdravkovska

für eure Zeit, Geduld, für die spannenden Gespräche über eure Schulalltage und eure Bereitschaft, euch interviewen zu lassen.

Danke, Katharina Nagler, für deine Freundschaft, deinen Rat, deine Exposé-Zeichenkünste und die Zusammenarbeit. Danke, Maria Christina Piwowarski, für deine Unterstützung, dein Ohr und die Erholungsmomente im Grünen. Du warst von Anfang an dabei. Mein Dank gilt auch Ludwig Lohmann, Katharina Wentker, Tobias Schiller, Kristin Werner und Simone Freitag. Danke, dass ihr für mich da seid und mir so oft Raum gegeben habt, meine Ideen mit euch zu teilen. Danke für euer waches Auge und eure klugen Gedanken, Alex Bachler, Anja Salzer, Stana Schenck, Andrea Schmidt, Christina Schreck, Nicole Schweiß und Tilman Winterling. Danke an Claudia Squara für die zündende Idee für das Format. Danke an Theresa Scholz, die an die Idee geglaubt und sie zum Leben erweckt hat.

DANKE an die vielen tollen Menschen, die mich unermüdlich vernetzt, mein Gesuch geteilt und Kontaktanfragen über den Globus hinweg weitergeleitet haben. Erst durch eure Hilfe war dieses Projekt überhaupt möglich.

Und DANKE an die talentierte und zauberhafte Pauline, für die großartige Zusammenarbeit, die unzähligen WhatsApp-Nachrichten und Telefonate. Ich hätte mir keine bessere Projektpartnerin (und nun auch Freundin) für diese Zeit wünschen können.

DANKSAGUNG
Pauline

Dieses Buch ist ein ganz besonderes Projekt für mich. Es ist mein Debüt und somit war vieles ganz neu für mich. Ohne die vielen wunderbaren Menschen in meinem Leben wäre ich heute nicht da, wo ich bin.

Mein allererster Dank geht an meine Eltern und meine Familie, die mich immer in dem unterstützt haben, was mich glücklich gemacht hat. Ihr habt mir den Mut gegeben, alles schaffen zu können, egal wie steinig der Weg sein wird.

Ebenfalls geht ein Riesendank an meinen Partner und besten Freund, mein Ruhepol und der Mensch, der mich immer so nimmt, wie ich wirklich bin. Jakob, danke, dass du immer meine Seite stärkst und mir Rückenwind gibst, wann immer ich ihn brauche.

Tausend Dank auch an all meine Freund:innen und Kommiliton:innen, die mir kreative, fachliche, aber auch mentale Unterstützung im Prozess gegeben haben. Ihr habt mir neue Wege und Lösungen gezeigt, die maßgeblich zu dem verholfen haben, was das Buch jetzt ausmacht.

Bernd Mölck-Tassel und Christian Hahn, vielen Dank, dass ihr mich im Laufe der Jahre an der HAW so unterstützt und begleitet habt.

Ein herzliches Dankeschön geht an Theresa Scholz und das gesamte Team vom Knesebeck Verlag, die an diese Buchidee und an mich als Illustratorin geglaubt haben.

Liebste Clara, die Zusammenarbeit mit dir war mir eine besondere Freude und es war mir eine Ehre, deinen Worten Bilder zu verleihen. Es ist wunderbar, wie viel wir im Laufe der Zeit gemeinsam gelernt und erreicht haben. Auf viele weitere Bücher, die noch folgen werden!

Steckbrief

Name: ______________________________

Alter: ______________________________

Klasse: ______________________________

Lieblingsfach: ______________________________

Traumberuf: ______________________________

Das ist mir wichtig: ______________________________

____

Das kann ich besonders gut: ______________________________

____

DAS BIN ICH

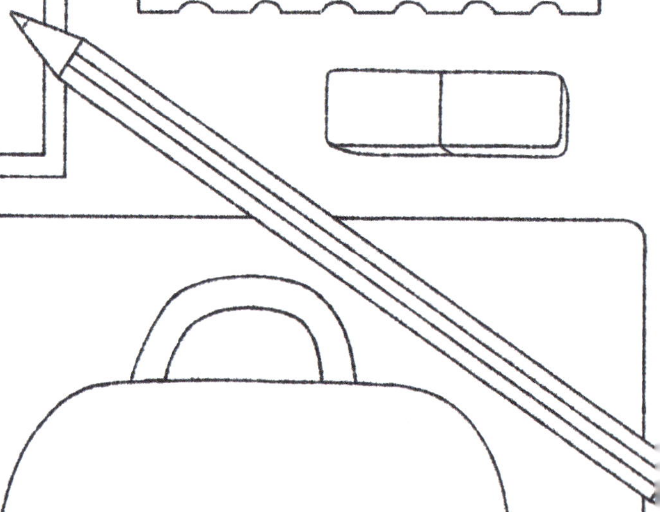

DAS IST IN MEINEM RUCKSACK

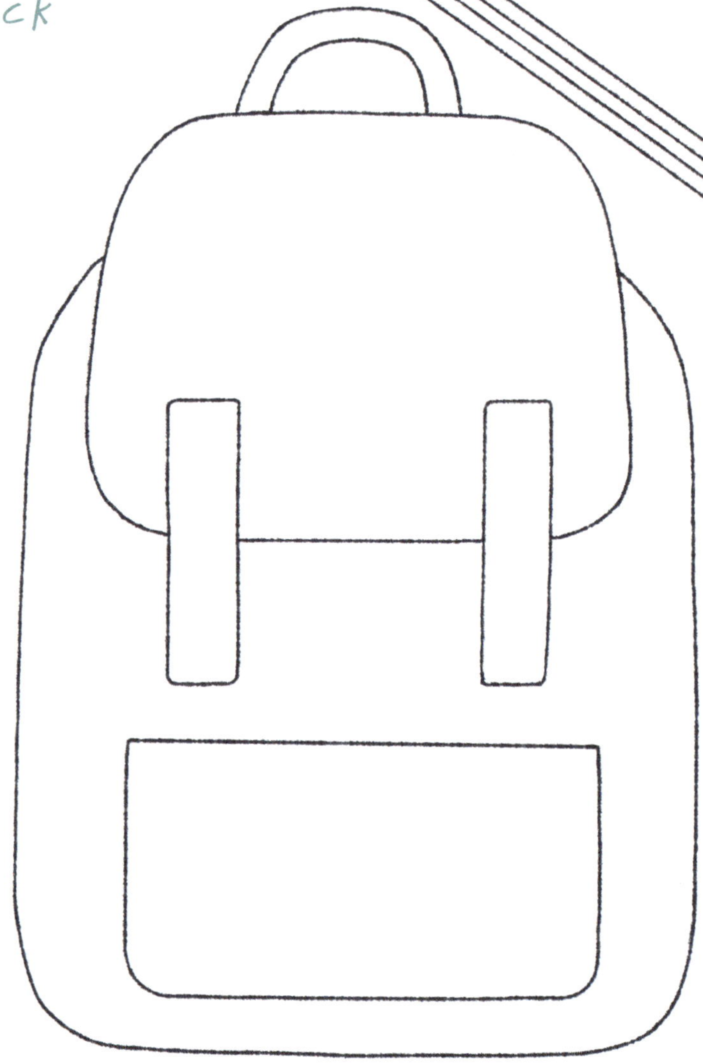

S	H	W	E	I	U	W	X	Q	F	H	E	F	T
K	T	F	Q	S	H	S	S	F	K	C	U	C	I
L	W	P	M	N	L	E	H	R	E	R	U	F	J
A	M	A	B	S	C	H	Q	G	O	C	U	X	O
S	T	U	V	T	Z	E	V	I	Q	J	E	P	G
S	Q	S	R	U	N	T	E	R	R	I	C	H	T
E	T	E	H	P	E	Y	W	C	S	F	B	U	K
M	F	H	B	U	T	E	X	V	Z	B	O	U	W
L	E	H	R	E	R	I	N	R	B	U	P	B	O
L	Q	U	Y	X	U	K	J	C	Y	C	F	V	T
E	V	M	Z	O	X	L	F	G	Y	H	M	U	A
S	S	C	H	U	L	E	R	S	B	F	F	H	F
P	L	V	Y	S	G	O	Q	Q	B	P	D	F	E
S	S	T	I	F	T	X	O	L	W	D	C	X	L

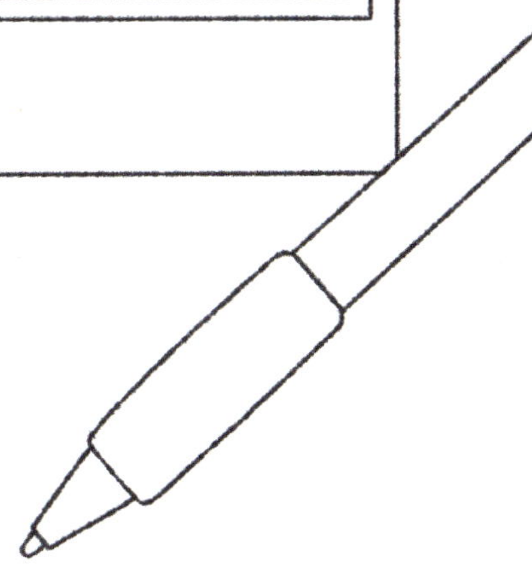

DIESE WÖRTER SIND VERSTECKT:

1. Schule
2. Lehrerin
3. Heft
4. Buch
5. Tafel
6. Klasse
7. Pause
8. Stift
9. Unterricht
10. Lehrer

ABC